AF189389

Stephanie Tettweiler

Selbstheilung durch Selbstliebe

Diese Anleitung **Selbstheilung durch Selbstliebe** ist für Menschen geschrieben, die das Gefühl haben, von ihren emotionalen und gedanklichen Mustern und Gewohnheiten gesteuert zu werden. Sie wendet sich zudem an jene Menschen, die herausfinden wollen, wie es ist, ein authentisches und glückliches Leben zu führen.

Durch 6 Tore und Schlüssel finden Sie zu Ihrem vollkommenen Wesenskern, der geradezu darauf wartet, wiederentdeckt und gelebt zu werden. In diesem Prozess findet die Heilung auf der Ebene statt, wo die häufigsten Ursachen für Störungen und Disharmonien liegen: auf der Ebene der Selbstliebe.

Doch die Selbstliebe ist natürlicher und einfacher als der Verstand denkt.

Aus der eigenen Erkenntnis heraus, dass mangelnde Selbstliebe nur ein Konstrukt des Verstandes ist, zeigt die Autorin einen Weg zu innerem Frieden, Freiheit, Liebe und unendlicher Lebensfreude auf. Damit diesen Weg jeder Interessierte und auch ältere Menschen mit Leichtigkeit und Freude gehen können, ist diese Anleitung in einer einfachen und berührenden Sprache geschrieben. Anwendungen aus der Praxis machen das Vermittelte gleich erfahrbar.

Stephanie Tettweiler

Selbstheilung durch Selbstliebe

6 Tore und Schlüssel
um nach Hause zu kommen

Bibliografische Information der Deutschen Nationalbibliothek: Die Deutsche Nationalbibliothek verzeichnet diese Publikation in der Deutschen Nationalbibliografie; detaillierte bibliografische Daten sind im Internet über http://dnb.dnb.de abrufbar.

© 2018 Stephanie Tettweiler
Covergestaltung: Stephanie Tettweiler
Bildrechte: Stephanie Tettweiler

Herstellung und Verlag:
BoD – Books on Demand, Norderstedt

ISBN: 9783748101345

Inhalt

Vorwort

Mein Verstand war lange auf der Suche nach einer Lösung für alle Probleme und wäre es auch jetzt noch, denn er hätte keine Ruhe gegeben etwas zu finden, dass er allein gar nicht finden konnte.

Aber wer hatte meinen Verstand überhaupt mit der Suche beauftragt? Vielleicht hatte er sich einfach selbstständig gemacht, denn er war darauf programmiert, Fehler zu suchen oder Lösungen für Probleme zu finden.

Irgendwann fiel mir auf, dass mein Verstand sogar die Probleme erfand, um dafür die Lösung zu finden. So war er ständig damit beschäftigt und fand sich dabei sehr wichtig.

Auf einem Tageskalender fand ich folgenden Spruch, der mich zum Schmunzeln brachte:

„Männer haben für jede Lösung ein Problem!"

Ich erkannte, dass nicht die Männer generell die Problem(er)finder sind, sondern der Teil des Gehirns, der für das lineare und logische Denken verantwortlich ist. Also jener Teil, der in der Schule, im Studium, in Ausbildung und Beruf sowie im täglichen Leben am meisten trainiert und programmiert wird. Soweit so gut, wäre dieses Denken nicht auch mit Erfahrungsmustern und mit Emotionen wie z.B. Angst verknüpft, die überall im menschlichen Körper inkl. Energiekörper gespeichert sein können.

Ich beobachtete meinen Verstand dabei, wie er ständig irgendwelche Gefahren abwehren wollte und dabei großzügig in die Zukunft schaute, um dort schon die ersten Anzeichen erkennen zu können. Oder er arbeitete strategisch und versuchte, optimale Sicherheitsstrukturen zu errichten – meistens in beruflichen und finanziellen Angelegenheiten, aber auch im Bereich der Gesundheit, in Partnerschaften und in anderen zwischenmenschlichen Beziehungen war er sehr kreativ.

Wenn dann doch einmal unverhofft etwas Unangenehmes passierte, startete mein Verstand ein umfangreiches Analyseprogramm und beendete es erst, wenn er völlig erschöpft war. Doch nach einer kurzen Pause machte er dann wieder weiter. Er biss sich regelrecht an Ereignissen fest, statt sie „passieren" im Sinne von „vorbeigehen" zu lassen.

Damals glaubte ich, dass die von meinem Verstand erzeugten Realitäten die einzig möglichen für mich waren, zumal sie von mir gefühlsecht erlebt wurden. Nach einer Phase der völligen Resignation und Depression wurde es still in meinem Kopf und eine ruhige und liebevolle Stimme erinnerte mich daran, dass ich viel mehr war, als mein Verstand versuchte mir einzureden. Mich überkam ein Wohlgefühl wie auf Wolken zu schweben und als würde ich durchflutet von Wärme und Licht.

Diese Begegnung war so berührend, dass ich beschloss, dieses Wohlgefühl in meinem Leben zu etablieren.

Aber wo kam diese sanfte Stimme her, die so ganz anders sprach und wirkte als mein Verstand? Und wer hatte meinen Verstand beauftragt, mich fertig zu machen?

Geführt durch die sanfte Stimme begab ich mich auf die Reise in mein Inneres. Eine Reise der Selbst-Erfahrung, zu der ich Sie liebe Leserin und lieber Leser herzlich einladen möchte. Hier finden sich die Tore und Schlüssel zur Selbst-Heilung durch Selbst-Liebe.

Lassen Sie sich so viel Zeit wie möglich, um die Tore und Schlüssel ausgiebig zu erforschen. Die Praxisanwendungen helfen Ihnen dabei und die Seiten mit dem Herz erinnern Sie daran, dass jeweilige Tor mit dem Schlüssel achtsam zu durchschreiten. Fühlen Sie in Ihr gütiges Herz hinein.

Ich wünsche Ihnen viel Freude und Gelassenheit auf Ihrer Reise!

Tor 1: Selbst-Beobachtung und Selbst-Bewusstsein

Wie erkenne ich mein Selbst?
Durch Beobachtung meiner/meines Selbst.

Was brauche ich dafür?
Ein Bewusstsein, dass sich von meinem Selbst unterscheidet und daher mein Selbst beobachten kann.

Viele Menschen sind mit den unterschiedlichen Facetten ihres Selbst identifiziert: mit ihrer Geschichte, ihren Erfahrungen, mit ihrer Krankheit, mit ihrem Leben bzw. mit den Rollen, die sie im Leben einnehmen z.B. als Ehefrau/-mann, Mutter/Vater von..., Kind von... Mit dem Beruf, den sie ausüben oder sogar mit dem astrologischen Tierkreiszeichen, in dem sie geboren wurden. Das heißt, ihr Selbst gibt sich als verschiedene Identitäten aus. Dies ist leicht zu erkennen an der Formulierung „ich bin Mutter und Hausfrau", „ich bin Rechtsanwalt", „ich bin Sternzeichen Skorpion", „ich bin krank". Damit sich das so richtig lebendig anfühlt, werden dazu die passenden Gedanken und Emotionen herangezogen. Die

Identitäten werden also mit Energie versorgt und sie verteidigen sich sogar, wenn sie glauben, angegriffen zu werden.

Menschen, die sich mit einer Rolle identifiziert haben, fallen meistens in ein dunkles Loch, wenn sich ihre Rolle z.B. als Mutter oder im Beruf erfüllt hat bzw. wenn ihnen eine Rolle unfreiwillig abhandenkommt. In der Tat fühlt sich das aus eigener Erfahrung wie ein Identitätsverlust an, der von Existenzängsten begleitet wird.

Experiment zu Tor 1: Beobachten

Beobachten Sie bitte völlig wertfrei, welche Rollen Sie in Ihrem Leben einnehmen und mit welchen Geschichten und Erfahrungen Sie sich identifizieren.

Sie können die unterschiedlichen Identitäten erkennen, neutral beobachten und somit ihr Selbst wahrnehmen? Dann sind Sie sich Ihrer/Ihres Selbst bewusst.

Jetzt wissen Sie, dass Sie nicht die jeweilige Identität oder Rolle sind, sondern die Instanz, die neutral beobachtet. Sie sind also Bewusstsein!

Sollten sich bei dieser Beobachtung jedoch Bewertungen oder starke Widerstände bemerkbar machen, wissen Sie, dass dies nicht ihr Bewusstsein ist. Es ist Ihr Verstand, der sich einmischt und die Selbst-Verteidigung übernehmen will. Ihr „verselbstständigter" Verstand darf nun lernen, Ihrem wohlwollenden Geist zu folgen.

Für das Durchschreiten der Tore empfehle ich Ihnen die folgende grundlegende Praxisanwendung, um den Verstand zu beruhigen.

Praxisanwendung zu Tor 1: Den Verstand still werden lassen

Setzen Sie sich aufrecht auf einen Stuhl mit beiden Füßen auf den Boden. Suchen Sie sich einen Punkt vor Ihren Füßen, auf den sie sich konzentrieren (Sie können auch ein Konfetti, einen kleinen Stein, eine Papierkugel o.ä. dort platzieren.)

Atmen Sie ganz normal während Sie den Punkt vor Ihnen fixieren. Spüren Sie Ihren Körper, z.B. den Fußkontakt mit dem Boden und nehmen Sie die Geräusche um sich herum wahr, ohne den Fokus auf den Punkt vor sich zu verlieren.

Ihre Augen sollten ganz still auf dem Punkt ruhen, wobei das natürliche Zwinkern nicht unterdrückt werden darf.

Wenn ein Gedanke kommt, nehmen sie ihn wahr, ohne in einen Gedankenprozess einzusteigen. Einfach den Gedanken wahrnehmen und wieder gehen lassen.

Üben Sie das am Anfang für 30 Sekunden und machen Sie danach eine kurze Pause.

Nach und nach steigern Sie die Dauer der gedankenlosen Zeit. Praktizieren Sie das am besten täglich und sie werden sehen, dass sich der gedankenlose Raum, sprich das Bewusstsein, immer weiter ausdehnt.

Sollte der Verstand wieder einmal das Kommando übernehmen wollen und Sie dazu ermutigen, über ihre Grenzen zu gehen, oder Ihre Fortschritte zu bewerten, bleiben Sie ganz ruhig und zentriert. Akzeptieren Sie, dass der menschliche Verstand seit jeher darauf programmiert wurde, Kontrolle zu übernehmen, Höchstleistungen zu erbringen und das Selbst zu verteidigen. Vielleicht sehen Sie ihn als ein Wesen, dass zu diesen Leistungen missbraucht wurde und Sie empfinden Mitgefühl.

Helfen Sie Ihrem Verstand, sich zu beruhigen und schließen Sie Frieden mit ihm.

Dies ist der erste Schlüssel
zur Selbstheilung durch Selbstliebe.

Tor 2: Rollen und Identifizierungen wahrnehmen und heilen

Wie Sie sicherlich schon bemerkt haben, befinden Sie sich bereits auf dem Weg zur Selbst-Erkenntnis.

Mit Ihrem Bewusstsein haben Sie erkannt, dass Ihr Selbst verschiedene Facetten hat, die der Verstand fälschlicherweise als eigene Identitäten interpretiert. Jetzt sind Sie nicht mehr mit den Rollen und Geschichten identifiziert. Das bedeutet, Sie brauchen nicht krank zu werden oder zu sterben, wenn sich das ein oder andere verändert oder gar auflöst, weil sie nicht mehr damit identifiziert sind.

Energetisch sieht es tatsächlich so aus, dass sich die verschiedenen Rollen, Geschichten, Erfahrungen usw. wie eigene Wesen verhalten. Es sind geistige Konstruktionen mit eigenen Energiefeldern, weil sie - wie bereits gesagt - mit Gedanken und Emotionen versorgt werden. Bekommen sie nicht genug Aufmerksamkeit und damit Energie, beginnen sie diese einzufordern, insbesondere von anderen Menschen. Wir alle kennen die „Ehefrau", die sich nicht mehr beachtet fühlt und die Beachtung von ihrem „Ehemann" dramatisch einfordert. Oder auch den „Ehemann", der seine Energie aus einer Affäre schöpft. Dann wäre da noch der Vorgesetzte, der seine Rolle ständig durch entsprechendes Gebären gegenüber seinen Mitarbeitern erhalten muss. Auch wenn diese nur schlecht hinter seinem Rücken über ihn reden – auch sie versorgen das Wesen des „Vorgesetzten" mit Energie.

Es gibt viele weitere Formen solcher Rollen und Identifizierungen.

Ich empfehle Ihnen, die unterschiedlichen Facetten Ihres Selbst bewusst wahrzunehmen und zu schauen, welche ein Eigenleben führen.

Arbeiten Sie solange mit einer ausgewählten Rolle oder Identifizierung, bis keine bewertenden Gedanken oder Emotionen mehr dazu aufsteigen. Erst dann arbeiten Sie bitte mit der nächsten Rolle oder Identifizierung.

Hilfreich ist es, eine Liste anzufertigen und diese nacheinander – von leicht bis schwierig – durchzugehen.

Bleiben Sie bitte immer bei sich. Wenn Ihre Gedanken zu anderen Menschen und ihren Rollen abschweifen, richten Sie die Aufmerksamkeit wieder auf den Punkt vor Ihren Füßen und werden Sie gedankenlos.

Praxisanwendung zu Tor 2: Rollen und Identifizierungen wahrnehmen und heilen

Beginnen Sie mit der Praxisanwendung zu Tor 1 und richten Sie dann Ihre Aufmerksamkeit auf eine der Rollen oder Identifizierungen in Ihrem Leben. Wählen Sie zu Anfang eine Rolle oder Identifizierung aus, die gerade nicht sehr problematisch ist. Mit etwas mehr Übung können Sie später auch die Rollen und Identifizierungen behandeln, mit denen Sie sich überhaupt nicht wohlfühlen.

Nehmen Sie die Rolle oder Identifizierung bewusst wahr und beobachten Sie, welche Gedanken und Emotionen dabei in Ihnen aufsteigen. Sollten heftige Emotionen aufsteigen die Sie in einen Gedankenprozess ziehen, stoppen Sie sofort und gehen Sie mit Ihrer Aufmerksamkeit wieder in den gedankenfreien Raum, indem Sie den Punkt vor Ihren Füßen fokussieren. Wenn Sie wieder völlig gedanken- und emotionsfrei sind, wechseln Sie wieder zur Wahrnehmung der ausgewählten Rolle oder Identifizierung. Ein empfohlener Richtwert ist: eine Minute gedankenfrei und eine Minute aktive Wahrnehmung der Rolle oder der Identifizierung. Sie werden beobachten, dass bei der aktiven Wahrnehmung die Gedanken und Emotionen immer weniger werden und entsprechend können Sie die Zeit der Wahrnehmung ausdehnen.

Wenn Ihre bewertenden Gedanken und Emotionen abgeklungen sind, schauen Sie sich die Rolle oder Identifikation noch einmal wertfrei an. Erkennen Sie jetzt die Zusammenhänge, wozu Ihr Selbst diese erschaffen hat oder von anderen übernommen hat? Spüren Sie, dass Sie als Beobachter sich nicht damit identifizieren? Oder spüren Sie, dass Sie die eine oder andere Rolle nicht mehr benötigen?

Sie müssen sich der Rollen nicht zwingend entledigen, doch Sie haben jetzt die freie Wahl, weil Sie nicht mehr mit ihnen identifiziert sind.

Dies ist der zweite Schlüssel
zur Selbstheilung durch Selbstliebe.

Tor 3: Das innere Kind wahrnehmen und heilen

Während der vorherigen Praxisanwendung konnten Sie vielleicht wahrnehmen, dass es in Ihnen energetische Wesen mit einem Eigenleben gibt. Jetzt kümmern wir uns um das Wesen, welches oftmals einen großen Teil des menschlichen Selbst einnimmt, sich aber gut zu verstecken und zu tarnen weiß, wenn es mit zu vielen Ängsten oder Gefühlen des Mangels verknüpft ist: das innere Kind.

Im Erwachsenenalter neigen wir dazu, dieses innere Kind in uns zu verdrängen, weil wir vielleicht denken, dass es überflüssig ist bzw. dass wir aus dem Kindlichen und Verwundbaren in uns herausgewachsen sind. Doch unbewusst beeinflusst es viele unserer Denk- und Verhaltensweisen.

Reaktionen aus dem inneren Kind heraus sind meistens so schnell, dass wir uns hinterher wundern, woher auf einmal dieser Wutausbruch kam, oder der beleidigte Rückzug. Aber auch der Wunsch nach diesem oder jenem, Bedürftigkeit nach Liebe und Zuwendung, spontane Impulse, oder Heißhungerattacken auf Süßes kommen aus diesem Wesen. Es will Ihre Aufmerksamkeit! Aufgrund der unerwünschten Verhaltensmuster wird es von den „Erwachsenen" in uns und außerhalb von uns wiederum verurteilt und abgelehnt, so wie wir es in unserer Kindheit oftmals erfahren haben.

Aus meiner Erfahrung ist es ein sehr wichtiger Schritt zur Selbstliebe, diesen Teufelskreis zu beobachten und zu durchbrechen.

Praxisanwendung zu Tor 3: Das innere Kind wahrnehmen und heilen

Beginnen Sie mit der Praxisanwendung zu Tor 1. Wenn Ihre Gedanken zur Ruhe gekommen sind, richten Sie Ihre Aufmerksamkeit auf das innere Kind in Ihnen.

Fragen Sie im Geiste, wie es Ihrem inneren Kind jetzt geht und es werden Bilder, Gedanken und Emotionen in Ihnen aufsteigen. Seien Sie wieder ganz behutsam und legen Sie gedankenfreie Pausen ein, wenn es

Ihnen zu viel wird. Aus der Praxisanwendung zu Tor 2 wissen Sie, wie sie zwischen dem gedankenfreien Raum und der Wahrnehmung Ihres Inneren Kindes wechseln können. Finden Sie ihr eigenes Tempo und stellen Sie Fragen an ihr inneres Kind z.B. wie alt es sich jetzt fühlt, woran es festhalten will, womit es nicht einverstanden ist, was es sich wünscht, was es zur Heilung braucht. Lassen Sie sich intuitiv führen, lauschen Sie, was Ihr inneres Kind Ihnen zu sagen hat und fühlen sie es.

Nehmen Sie sich für Ihr inneres Kind so viel Zeit wie es braucht und richten Sie möglichst jeden Tag ein paar Minuten ein, um in Kontakt mit ihm zu treten. So können Sie dabei zuschauen, wie es allein durch Ihre wohlwollende Aufmerksamkeit heranwächst und sich immer friedvoller in Ihr Leben integriert und es bereichert.

Dies ist der dritte Schlüssel
zur Selbstheilung durch Selbstliebe.

Tor 4: Den Körper wahrnehmen und Disharmonien auflösen

Durch die Tore 1 bis 3 haben Sie bereits verschiedene Emotionen friedvoll erlösen können und energieraubende Gedankenprozesse beendet. Vielleicht konnten Sie auch wahrnehmen, wo in Ihrem Körper bestimmte Emotionen gespeichert sind.

Bei vielen Menschen führen unterdrückte Emotionen oder Überforderungen zu Verspannungen und Verhärtungen in den Muskeln, Sehnen, Bändern, Faszien und im gesamten Bindegewebe. Innere Widerstände gegen etwas zeigen sich häufig als Allergien, Nahrungsmittel-Unverträglichkeiten, Hauterkrankungen und Entzündungen. Wut und Kritiksucht machen sich oft in Leber, Galle und Bauchspeicheldrüse bemerkbar. Ängste beeinflussen das Herz, die Nieren, Blase, Harnsystem sowie auch Magen und Darm.

Disharmonien oder sogenannte „Krankheiten" beginnen immer auf der energetischen Ebene. Gedanken und Emotionen sind in jeder Zelle gespeichert, jedoch suchen sie sich unterschiedliche Kanäle und zeigen sich als „Krankheiten", wenn sie eine destruktive Ausrichtung haben. Dabei ist die „Krankheit" im Grunde bereits ein wichtiger Teil der Genesung. Wenn wir das geistig erkennen, können wir den Körper mit wohlwollenden Gedanken und Emotionen unterstützen. Doch oftmals ist uns die „Krankheit" ein Dorn im Auge, den wir möglichst schnell beseitigt haben wollen. Jeglicher Widerstand ist jedoch kontraproduktiv. Erinnern Sie sich? Der Verstand will eine lineare und logische Lösung finden, doch er verstrickt sich in irgendwelchen Annahmen und findet die wahre Ursache nicht. Oder er fixiert sich auf Diagnosen und Prognosen, die andere für ihn getroffen haben und erhält diese mit Energie, so dass sie sich zwangläufig erfüllen müssen.

Häufig kommt es vor, dass die energetischen Muster von bestimmten „Krankheiten", oder besser gesagt die Ursachen dafür und der Umgang damit, von Angehörigen, von Vorfahren, oder vom Kollektiv übernommen wurden.

Auch diese können Sie über die wertfreie Wahrnehmung erlösen, oder zumindest lindern.

Durch die Achtsamkeitsübung und Körperwahrnehmung schenken Sie Ihrem Körperwesen wohlwollende Aufmerksamkeit und können in Frieden mit dem sein, was gerade ist.

Praxisanwendung zu Tor 4: Den Körper wahrnehmen und Disharmonien auflösen

Beginnen Sie mit der Praxisanwendung zu Tor 1. Wenn Ihre Gedanken zur Ruhe gekommen sind, richten Sie Ihre Aufmerksamkeit auf Ihren Körper.

Nehmen Sie zuerst Ihren gesamten Körper wohlwollend wahr. Spüren Sie die Lebensenergie, die durch ihn hindurchfließt, spüren Sie Ihren Herzschlag, fühlen Sie nach Innen. Beobachten Sie, ob Gedanken oder Emotionen auftauchen, wenn Sie sich bestimmten Körperteilen oder Organen zuwenden, vielleicht weil sie einen Schmerz oder Unwohlsein dort verspüren. Gibt es einen Bereich Ihres Körpers, den Sie nicht mögen oder ablehnen?

Seien Sie wieder ganz behutsam und legen Sie gedankenfreie Pausen ein, wenn es Ihnen zu viel wird. Aus den Praxisanwendungen zu Tor 2 und 3 wissen Sie, wie sie zwischen dem gedankenfreien Raum und der Wahrnehmung Ihres Körpers wechseln können.

Finden Sie Ihr eigenes Tempo und fühlen Sie sich ein. Sie können auch Fragen an Ihr Körperwesen oder einzelne Teile oder Organe stellen. Fragen Sie, warum dieses oder jenes schmerzt, verspannt ist und was es zur Heilung braucht. Lassen Sie sich intuitiv führen, lauschen Sie, und fühlen sie es.

Sie werden auch bei dieser Praxisanwendung beobachten können, dass bei der aktiven Wahrnehmung Ihres Körpers die Gedankenprozesse und Emotionen immer weniger werden und entsprechend können Sie die Zeit der Wahrnehmung ausdehnen.

Wenn bewertende Gedanken und Emotionen zu einem bestimmten Schmerz, ungeliebten Körperregionen oder einer Krankheit abgeklungen sind, schauen Sie sich diese noch einmal wohlwollend an. Vielleicht erkennen Sie jetzt das Wunderwerk Ihres Körperwesens und die Intelligenz des Zusammenspiels seiner einzelnen Bestandteile. Es verkörpert Ihre Gedanken und Emotionen und freut sich daher über Ihre liebevolle Zuwendung. Glauben Sie an seine Selbstheilungskräfte. So kann es Ihr Leben mit Gesundheit, Vitalität und Beweglichkeit bereichern.

Dies ist der vierte Schlüssel
zur Selbstheilung durch Selbstliebe.

Tor 5: Emotionen wahrnehmen und erlösen

Mittlerweile kennen Sie schon viele Gedanken über sich Selbst. Und Sie haben sich bestimmt schon gefragt, was es für einen Sinn macht, dass das Selbst schlecht über sich selbst denkt und urteilt. Zumal sich destruktive Gedanken und damit verbundene Emotionen negativ auf den gesamten Körper auswirken.

Ich sehe diesen Prozess als einen Teil der Evolution an, denn der Mensch soll sich nicht nur dreidimensional entwickeln sondern mehrdimensional. Das heißt, dass sich im normalen Leben und Heranwachsen auch die Seele, der Geist und das Bewusstsein entwickeln bzw. erweitern wollen.

Wenn ein Mensch körperlich oder physisch leidet, kommt er irgendwann an einen Punkt, wo er etwas daran ändern will. Das würde ich als natürliche Entwicklung in der Evolution bezeichnen. Da der Mensch jedoch über ein Bewusstsein und die Fähigkeit der Reflektion verfügt, kann er seine mehrdimensionale Entwicklung beeinflussen. Dies geschieht aber nicht durch das verurteilen und kritisieren, sondern über die Akzeptanz und Integration von ungeliebten Dingen. Das erste ist eine Aktivität des ruhelosen Verstandes, das zweite ist eine Haltung des friedvollen Geistes. Genau das haben Sie in den vorangegangen Praxisanwendungen zu unterscheiden gelernt.

Akzeptanz und Integration bedeutet nicht, dass der Mensch untätig sein soll und alles hinnimmt. Es bedeutet vielmehr, dass eine dauerhafte Veränderung immer erst über den Weg der Akzeptanz erfolgen kann. In der Akzeptanz liegt eine Anerkennung dessen, was ist, damit es sich verändern kann.

Energetisch sieht das so aus: Frau Müller wird schnell wütend, wenn sie sich angegriffen fühlt und sie schlägt damit den vermeintlichen Angreifer lautstark zurück. Sie hasst ihr eigenes Verhalten und verurteilt sich nach jedem emotionalen Ausbruch dafür. Sie ist selbst deswegen wütend auf sich und denkt oft über ihr „Fehlverhalten" nach und woher es kommen könnte. Ihr Verstand ist pausenlos damit beschäftig, die Ursache dafür zu finden und das Problem zu beseitigen. Somit wird „die Wut" über die eigene Wut und das Denken darüber ständig mit Energie versorgt und das hinterlässt Spuren im Gehirn und in den Zellen von Frau Müller. In diesem Teufelskreis gräbt sich die Wut immer tiefer ein, bis sie sich verselbstständigt hat.

Um den Teufelskreis zu durchbrechen, muss die Energieversorgung abgestellt werden. Gedanken und Emotionen zu den Wutausbrüchen dürfen sukzessive zurückgefahren werden. Durch die Praxisanwendungen zu Tor 1 bis 4 wissen Sie, wie das geht.

Praxisanwendung zu Tor 5: Emotionen wahrnehmen und erlösen

Ich empfehle Ihnen, sich viel Zeit für die Wahrnehmung von kreisenden Gedanken und Emotionen rund um Ihre persönlichen Themen zu nehmen. Sie werden erstaunt sein, wieviel Energie und Lebendigkeit Sie dadurch zurückgewinnen.

Im Fall von Frau Müller wäre es auch möglich, dass sie ihre Wut unterdrückt und damit nach Innen leitet. In diesem Fall könnte eine Energieblockade entstehen. Das heißt die Emotionen zur Wut würden z.B. in ihrer Galle festgehalten und könnten dort zur Steinbildung führen. In solchen Fällen empfehle ich die Praxisanwendung zu Tor 3: „Den Körper wahrnehmen und Disharmonien auflösen".

Möglich ist auch, dass das Thema Wut mit dem inneren Kind in Zusammenhang steht. In diesem Fall kann die Emotion durch die Praxisanwendung zu Tor 3: „Das innere Kind wahrnehmen und heilen" wieder in den Fluss gebracht werden und durch diese Praxisanwendung zu Tor 5 erlöst werden.

Dies ist der fünfte Schlüssel
zur Selbstheilung durch Selbstliebe.

Tor 6: Glaubensmuster und Denkgewohnheiten wahrnehmen und verändern

Kommen wir zu den nächsten geistigen Konstruktionen, die oftmals ein Eigenleben führen.

Bereits bei Tor 2: „Rollen und Identifizierungen wahrnehmen und heilen" sind Sie auf Glaubensmuster gestoßen z.B. glaubten Sie eine gute Mutter, ein guter Vater, eine gute Tochter, ein guter Sohn, ein guter Mann oder eine gute Frau o.a. sein zu müssen d.h. ein anderer Teil Ihres Selbst glaubte, dass Sie es gerade nicht sind und spornte sie zu Verbesserungen an. Solche Bemühungen bestätigen aber mehr den Glauben, dass Sie etwas nicht sind, oder dass sie etwas nicht haben, wie z.B. genügend Geld.

Viele aktive Glaubensmuster sind den Menschen nicht bewusst. Sie machen sich am häufigsten dann bemerkbar, wenn der Mensch eine Überzeugung vehement vertritt, oder wenn er an etwas zweifelt. Denn auch an etwas nicht zu glauben bedeutet, an etwas anderes zu glauben.

Unzweifelhaft erschaffen wir mit unserem Glauben, mit unserem Denken und mit unseren Emotionen unsere Realität. Deshalb ist es so wichtig, bewusst zu beobachten, auf was wir unsere Aufmerksamkeit richten und durch welche Gedanken und Emotionen wir diese mit Energie versorgen.

Wir können Dinge bzw. Ereignisse positiv oder negativ aufladen und so wirken sie auf uns zurück. Wir können Dinge und Ereignisse aber auch völlig neutral betrachten und entsprechend bleiben sie für uns neutral. Letzteres ist der Weg der uns erkennen lässt, dass unser Verstand nicht alles in gut oder schlecht einteilen muss, wenn das Bewusstsein anwesend ist. Woher soll der begrenzte Verstand auch wissen, was wirklich gut für uns ist und was es für unsere mehrdimensionale Entwicklung gerade braucht?

Wie Sie aus den vorangegangenen Praxisanwendungen erfahren konnten, kommen aus dem gedankenlosen Zustand und aus der Akzeptanz höhere Erkenntnisse bzw. Weisheiten zu Ihnen. Warum das so ist? Ihr Denken ist nicht mehr mit emotionalen Mustern gekoppelt und Ihre Emotionen sind nicht mehr mit gedanklichen Mustern gekoppelt. Damit sind Sie frei in Ihrem Denken und Fühlen und können völlig neue Erfahrungen machen.

Ich lade Sie ein, in Ihrem Alltag zu beobachten, welche Glaubensmuster und Denkgewohnheiten in Ihrem Verstand noch aktiv sind, die Ihnen jetzt nicht mehr dienlich sind.

Praxisanwendung zu Tor 6: Glaubensmuster und Denkgewohnheiten wahrnehmen und verändern

Wann immer Ihnen ein Glaubensmuster oder eine Denkgewohnheit auffällt, weil Sie z.B. emotional auf etwas reagieren, schreiben Sie es auf eine Liste. Schauen Sie auch einmal, ob Sie etwas glauben, das andere über Sie denken.

Wenn Sie einige Glaubensmuster und Denkgewohnheiten gesammelt haben, können Sie diese wieder priorisieren und mit den weniger emotionsgeladenen Themen beginnen.

Durch die Praxisanwendungen zu Tor 1 bis 5 wissen Sie, wie sie diesen Glaubensmustern und Denkgewohnheiten wohlwollend begegnen können. Wechseln Sie wieder zwischen der aktiven Wahrnehmung des Glaubensmusters oder der Denkgewohnheit und dem gedankenlosen Raum in Ihrem Tempo hin und her. Spüren Sie, wie Sie immer friedvoller mit dem Glaubensmuster oder der Denkgewohnheit umgehen können und wie sich die Emotionen zurückziehen.

Vielleicht erschließt sich Ihnen der tiefere Sinn, warum Ihr Selbst einst so oder so geglaubt oder gedacht hat. Oder von wem Sie das Glaubens- oder Denkmuster übernommen haben. Sie haben jetzt die freie Wahl, an das zu glauben, an das zu denken, oder das zu fühlen was Sie wirklich berührt.

Dies ist der sechste Schlüssel
zur Selbstheilung durch Selbstliebe.

Ausklang

Wie fühlen Sie sich jetzt?

Ich meine nicht, wie Sie sich vor einer Stunde gefühlt haben, oder wie Sie sich morgen fühlen werden, denn dann würden Sie darüber nachdenken.

Wie fühlen Sie sich jetzt in diesem Moment?

Inzwischen haben Sie viele Facetten und Funktionen Ihres Selbst kennengelernt, gefühlt und beobachtet.

Vielleicht haben auch Sie durch die Praxisanwendungen erfahren, dass Selbst-Liebe nicht etwas ist, was Sie erst lernen müssen. Sie sind Liebe und durch die Liebe konnten Sie die verschiedenen Anteile Ihres Selbst akzeptieren, heilen und integrieren. Dies ist der friedvolle Weg zur Selbstheilung durch Selbstliebe.

Für mich stellte es sich so dar, als wäre mein Selbst ein Zirkus voller unterschiedlicher Akteure. Mal war ich ein Zauberer, ein Dompteur, ein Clown oder eines der Tiere, die dazu trainiert worden waren, tolle Kunststücke vorzuführen. Dabei fühlte ich jedes einzelne Wesen mit seiner Angst, etwas nicht hinzubekommen, nicht gut genug zu sein, nicht geliebt zu werden, nicht genug Geld zu verdienen u.v.m. Aber ich war auch der Direktor, die Manege, die Zuschauer, das Zelt sowie derjenige, der den gesamten Zirkus in seiner Form erkannte und was in ihm vorging.

Ich konnte plötzlich das Ganze sehen und das gesamte Zusammenspiel von einer anderen Ebene aus wahrnehmen.

Mir wurde bewusst, dass alles ein Teil von mir war und ich ein Teil von allem. Wann immer ich spürte, dass ich mich im Zirkus verloren hatte, nahm ich wieder die Haltung des neutralen Beobachters ein. Aus dieser Perspektive lösten sich Gefühle von Angst, Mangel und Unfrieden nach und nach auf und übrig blieb ein Gefühl der Liebe und des Friedens. In diesem Gefühl veränderte sich der Zirkus zunehmend.

Die jahrelang antrainierten Rollen und Kunststücke fielen weg und der gesamte Zirkus löste sich in seiner alten Form auf.

Das was ich verkörperte wurde zunehmend authentischer. Es waren eher Seins-Zustände die ich fühlte und als Mensch mit Leben füllte bzw. erfüllte das Leben meine Seins-Zustände.

Was für eine Lebendigkeit und was für eine Freiheit.

Ich wünsche Ihnen von Herzen, dass auch Sie die Freiheit, Liebe und Freude fühlen, wenn Sie zu Hause angekommen sind. Doch bitte vergessen Sie nicht, bereits auf Ihrem Weg dorthin Schritt für Schritt zu genießen.

Stephanie Tettweiler

Affirmation

Mit dieser Affirmation können Sie ganz leicht in Ihr höheres Sein eintreten, wenn Ihre Gedanken zur Ruhe gekommen sind:

Ich bin verbunden oder eins mit der Quelle allen Seins.

Ich erfahre Farben, Formen, Lichtgestalten im Spiegel meiner Möglichkeiten.

Mit erwachten Sinnen nehme ich wahr, die Urqualitäten rein und klar.

In der göttlichen Alleinheit angekommen, fühle ich mich vollkommen und angenommen.

Im neuen Licht und alten Glanz, kehre ich zurück: heil und ganz.

Ich bin verbunden oder eins mit der Quelle allen Seins.

Über die Autorin

Stephanie Tettweiler wurde am 04.03.1970 in Essen geboren. Von der Sachbearbeitung in der Rechtsabteilung bis zur Marketingleitung war sie 26 Jahre für einen Technischen Überwachungsverein tätig. Nach einem darauf folgenden Sabbatjahr schnitt sie die Nabelschnur zu dieser vermeintlich sicheren Versorgungsquelle endgültig durch, kündigte Job und Wohnung und durchlebte eine Phase von Depression, Resignation und Existenzängsten.

Durch ihre langjährige Vertrautheit mit schamanischen und anderen geistigen Heilmethoden gelang es ihr, den Zugang zu ihrem höheren bewussten Sein wieder herzustellen und damit ihr Selbst zu retten und zu heilen.

Sie erfüllte sich einen Kindheitswunsch und arbeitete selbständig als Tierkommunikatorin und Coach. Ihre musikalischen, künstlerischen, medialen und kommunikativen Fähigkeiten lebten wieder auf.

Inzwischen wirkt sie direkt aus dem Göttlichen heraus und unterstützt Menschen und Tiere bei ihrer Selbstheilung und bei der Heilung von Beziehungen.

Auf Wahrheit gegründet – durch Weisheit geführt – in Liebe erbracht.

Hieraus ist diese Aufzeichnung entstanden:

Selbstheilung durch Selbstliebe
6 Tore und Schlüssel um nach Hause zu kommen

Weitere Themen wurden bereits empfangen:

Selbstliebe ist Nächstenliebe

Selbstliebe ist Tierliebe

Autorin: Stephanie Tettweiler

Mehr Informationen und Kontakt über www.liebevollendet.de oder per Email: ja@liebevollendet.de

Notizen